WAS IST WAS

Junior

Mitmach-Heft
Im Wald

TESSLOFF

Im Wald kannst du viele Tiere und Pflanzen sehen. Komm mit uns auf Entdeckungsreise!

? Weißt du, wo diese Tiere leben? Klebe ihre Sticker unter die richtige Schicht des Waldes und male die Pflanzen aus!

Käfer

Rehkitz

Assel

Eule

Baumschicht

Im Wald wachsen nicht nur hohe Bäume. Er besteht aus einer Moos-, Kraut-, Strauch- und Baumschicht.

Strauchschicht

Krautschicht

Moosschicht

 In Mischwäldern kommen Laub- und Nadelbäume gemeinsam vor. In unserem Rätsel stehen die Baumarten in einer bestimmten Reihenfolge. Welcher Baum folgt als nächster? Klebe den richtigen Sticker ein!

Buche   Birke   Fichte

 Hier siehst du ganz viele Tiere und Pflanzen, die im Wald leben. Aber in jeder Reihe ist ein Bild, das nicht dazu passt. Finde das falsche Bild! Die Texte helfen dir dabei.

1. Welches Tier lebt nicht bei uns im Wald?

Fuchs   Wildschwein   Reh   Faultier

2. Achtung! Einer dieser Pilze ist giftig!

Steinpilz   Grüner Knollenblätterpilz   Pfifferling   Parasolpilz

3. Fast alle Tiere zersetzen Blätter, nur eines nicht.

Schnecke   Saftkugler   Maus   Springschwanz

4. Bis auf ein Tier leben alle Tiere im Regenwald.

Grüner Leguan   Tapir   Eichhörnchen   Tukan

Auch große Bäume

Auch große Bäume sind einmal aus kleinen Samen entstanden. Ein Samen keimt, wenn es warm und feucht ist. Dann bildet er Wurzeln und einen Trieb aus, an dem sich die Blätter entwickeln.

 Bringe die Bilder in die richtige Reihenfolge, indem du die Ziffern 1 bis 3 in die Kästchen einträgst!

Ein Baum nimmt Wasser über die Wurzeln auf. Von dort gelangt es über die Leitungsbahnen im Stamm bis zu den Blättern.

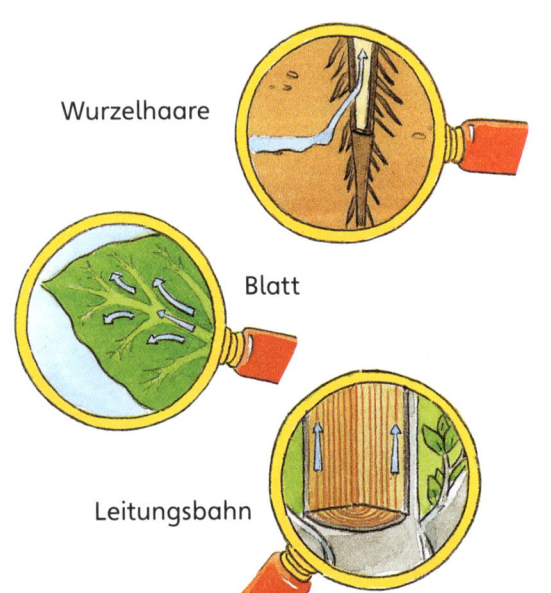

Wurzelhaare

Blatt

Leitungsbahn

Klebe die Sticker ein und male den Baum zu Ende!

Bäume bilden jedes Jahr einen neuen Ring am Stamm aus. Wenn du bei einem gefällten Baum die Ringe zählst, weißt du, wie alt er geworden ist. Male die fehlenden Jahresringe ein! Wie alt ist dein Baum?

Im Wald leben unzählige Kleinlebewesen. Sie zersetzen Laub und totes Holz. So werden wichtige Nährsalze für die Pflanzen wieder verfügbar.

Saftkugler

Springschwanz

Schnakenlarve

Milbe

Assel

Nacktschnecke

Schnurfüßer

Welche zwei Blätter sind genau gleich zerfressen? Kreise sie ein! Wie viele Blätter sind noch nicht angefressen? Schreibe die Zahl in das Kästchen!

Welche Tiere leben im Wald? Klebe die passenden Sticker ein!

Schon gewusst?

Das männliche Reh heißt nicht Hirsch, sondern Rehbock. Hirsche nennt man die männlichen Tiere bei Rothirschen und Damwild.

Rotkehlchen, Kuckuck und Amsel sind typische Waldvögel. Was fehlt ihnen hier? Zeichne die Vögel fertig!

Auf dieser Lichtung grasen Rothirsche und Wildschweine gemeinsam. Male das Bild aus!

Bäume

Bäume und Sträucher bilden Samen, um sich zu vermehren. Die Samen sind aber auch begehrtes Futter. Eichhörnchen legen sich sogar Samenvorräte für den Winter an. Doch meist graben sie nicht alle wieder aus. Aus diesen Samen können neue Pflanzen entstehen.

 Wie gut kennst du die Bäume im Wald? Verbinde die Samen, Blätter und Nadeln mit dem Baum, an dem sie wachsen!

Wie viele Walderdbeeren kann Anna noch pflücken? Kreuze die richtige Zahl an!

- ☐ 17
- ☐ 19
- ☐ 23

1   2   3   4   5   6   7

Stieleiche

Spitzahorn   Hängebirke   Winterlinde   Rotbuche

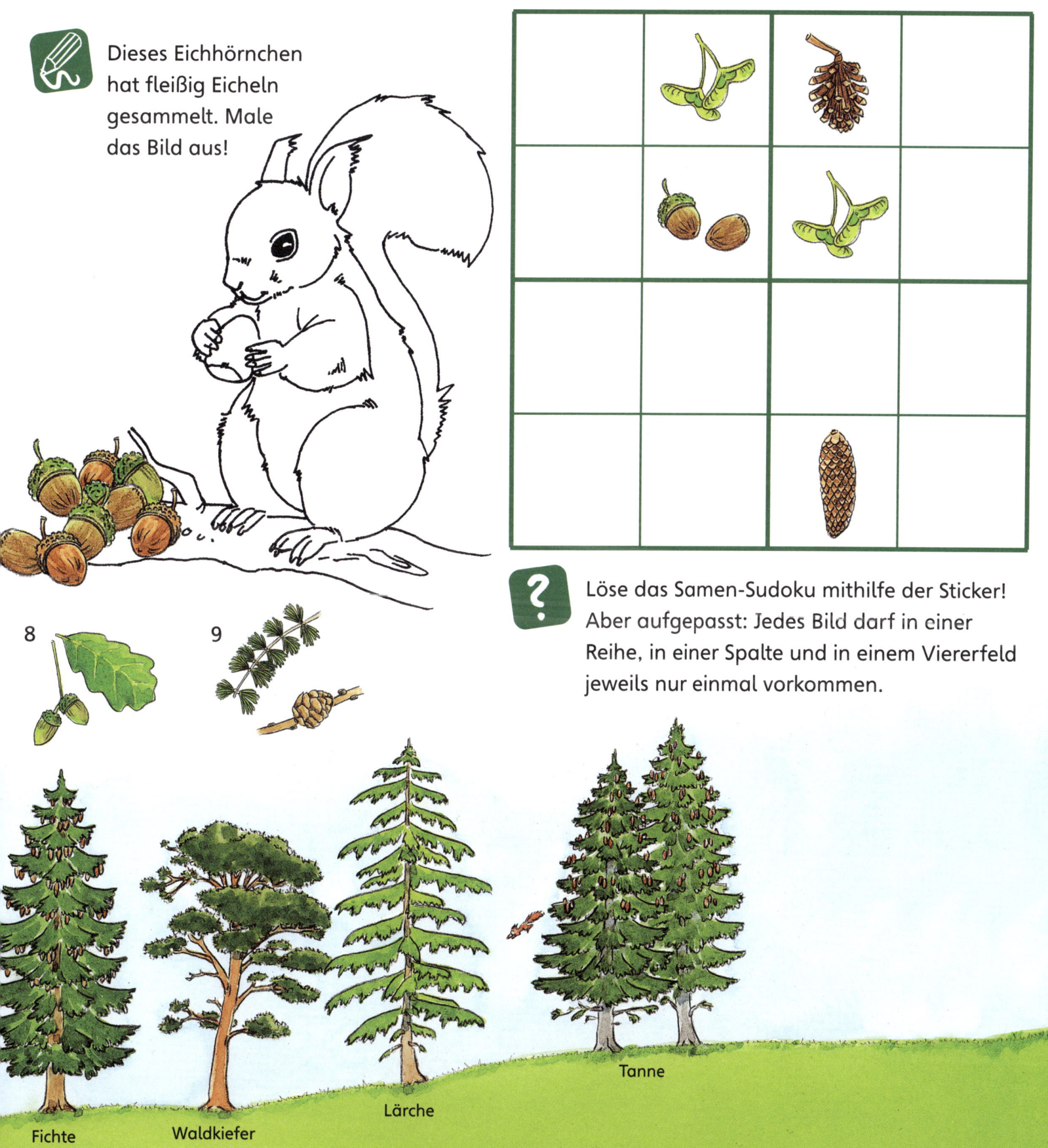

Dieses Eichhörnchen hat fleißig Eicheln gesammelt. Male das Bild aus!

8

9

Fichte

Waldkiefer

Lärche

Tanne

Löse das Samen-Sudoku mithilfe der Sticker! Aber aufgepasst: Jedes Bild darf in einer Reihe, in einer Spalte und in einem Viererfeld jeweils nur einmal vorkommen.

Der Förster kümmert sich um den Wald. Er kennt die

Tiere und Pflanzen ganz genau und entscheidet, welche Bäume
gefällt werden oder weiterwachsen dürfen. Aus gefälltem Holz
können Möbel, Musikinstrumente und Papier hergestellt werden.

Der Förster hat eine Schulklasse zu Besuch.
Welchen Baum zeigt er den Schülern gerade?
Kreuze die richtige Antwort an! Findest du die
Ausschnitte im Bild wieder? Verbinde diese!

☐ Buche    ☐ Kiefer    ☐ Eiche

Auf den Holztransporter passen 16 Baumstämme. Neun sind bereits verladen. Wie viele kann der Waldarbeiter noch aufladen? Streiche sie vom Stapel und male die restlichen Stämme aus!

Welche Tiere beobachtet der Förster vom Hochsitz aus? Male sie auf die Lichtung!

11

Auf und im Waldboden

leben viele kleine Tiere. Ameisen und Regenwürmer lockern mit ihren Gängen den Waldboden und belüften ihn. Die Wurzeln der Pflanzen bekommen dadurch ausreichend Luft für ihr Wachstum.

Die kleinen Tierchen suchen Schutz unter den Blättern. Teile sie so auf, dass sich unter jedem Blatt gleich viele Tiere verstecken. Zeichne dazu vier Rahmen um die Tiere, sodass jedes Tier in jedem Feld nur einmal vorkommt.

Schon gewusst?

Ameisen können das Zehnfache ihres Körpergewichts tragen. Das wäre so, als wenn ein erwachsener Mann ein Auto hochhebt.

So ein Durcheinander! Wie viele kleine Ameisen laufen nach links und wie viele nach rechts? Schreibe die Zahlen in die Kästchen!

Es regnet! Hilf dem Regenwurm, den richtigen Weg zu seinem Freund an der Erdoberfläche zu finden! Doch Vorsicht! An einem Ausgang lauert die Amsel und ein Gang ist durch Steinchen versperrt.

Auf dem Waldboden leben Schnecken, Käfer, Ohrwürmer, Schnurfüßer und viele andere Tiere. Klebe die Sticker ein!

Ein Laubwald sieht zu jeder

Jahreszeit anders aus. Die Pflanzen und Tiere passen sich an, je nachdem wie warm oder kalt es ist und wie viel Futter sie finden.

 Im Frühling dringt das Licht bis zum Waldboden. Nun wachsen die Frühblüher. Male die Blumen mit den richtigen Farben weiter aus!

Buschwindröschen

Schlüsselblume

Leberblümchen

 Im Sommer ist es im Laubwald angenehm kühl. Genau der richtige Ort für ein leckeres Picknick. Kreise die fünf Unterschiede im rechten Bild ein!

 Laubbäume werfen ihre Blätter im Herbst ab. In der trockenen Winterzeit würde über die Blätter zu viel Wasser verdunsten. Wie viele Herbstblätter kannst du hier entdecken? Schreibe die Zahl in das Kästchen!

Blätter

Der Hase hat im Schnee falsche Fährten gelegt. Welcher Spur muss der Luchs folgen, um ihn zu erwischen?

Manche Tiere des Waldes werden erst in der Dämmerung aktiv. Im Schutz der Dunkelheit machen sie sich auf die Suche nach Nahrung.

Was ortet die Fledermaus hier mit ihrem Ultraschall? Verbinde die Zahlen von 1 bis 20 und male das Bild aus!

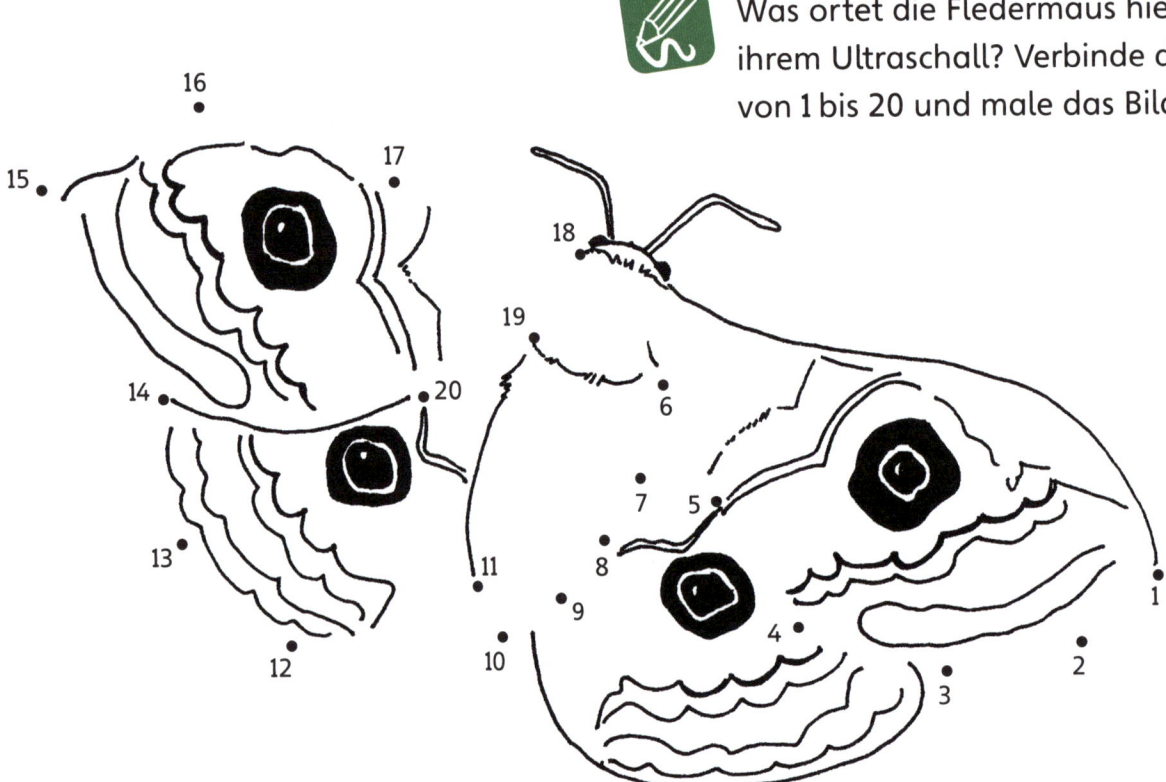

Die Mäuse sind auf der Hut, denn der Fuchs schleicht herum. Hilf ihnen und kreise den richtigen Schatten ein!

1

2

3

4

5

? Welches Tier sollte jetzt eigentlich schlafen? Kreise es ein und klebe die Sticker ein! Welche Tiere leben nicht im Wald? Streiche sie durch!

Schon gewusst?

Die Männchen der Glühwürmchen haben Leuchtorgane am Hinterleib. Mit den Lichtsignalen locken sie Weibchen an. Klebe den richtigen Sticker ein!

👁 Auf dieser Wiese wachsen vier giftige Pilze. So sehen sie aus: Einer ist leuchtend rot mit weißen Punkten, einer hat einen grünlichen Hut, einer ist braun mit weißen Punkten und einer ist an Hut und Stiel einheitlich hellbraun. Hilf Anna und Moritz, sie zu finden, und streiche sie durch!

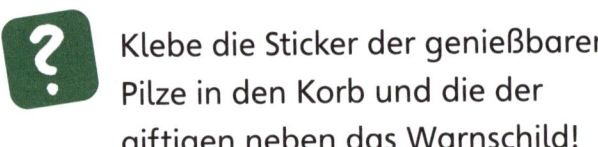

Fliegenpilz

Pfifferling

Riesenrötling

Pantherpilz

Grüner
Knollenblätterpilz

Steinpilz

Speisetäubling

Parasolpilz

Schweinsohr

Speisemorchel

❓ Klebe die Sticker der genießbaren Pilze in den Korb und die der giftigen neben das Warnschild!

GIFTIG

Schon gewusst?

Pilze, Farne und Moose vermehren sich durch winzig kleine Sporen. Sieh selbst nach! Bei Pilzen findest du sie unter dem Hut auf den Lamellen. Moose bilden Sporenkapseln, die auf dünnen Stielchen sitzen. Und Farne tragen ihre Sporen auf der Blattunterseite.

Welches Puzzleteil gehört wohin? Trage die Buchstaben in die Kästchen ein!

☐ 1   ☐ 2   ☐ 3   ☐ 4

A

B

C

D

Schon gewusst?

Der tropische Regenwald ist wichtig für das Klima der Erde. Er liegt wie ein Band rund um den Äquator: von Amerika über Afrika und Asien bis Australien.

Anakonda 7

1

Ara

10

5

3 Tapir

6 Orang-Utan

11

4 Tukan

2 Krokodil

9

12

8

Lerne einige Tiere des Regenwaldes kennen! Immer zwei Kärtchen ergeben ein vollständiges Bild. Verbinde die zusammengehörenden Teile!

 Kolibris können auf der Stelle fliegen, um mit ihren Schnäbeln Nektar aus Blüten zu saugen. Male die Vögel bunt aus!

 Im Regenwald lebt die größte Vielfalt an Tier- und Pflanzenarten auf der Erde. Klebe die Sticker ein! Wie viele Schmetterlinge fliegen umher? Schreibe ihre Anzahl in das Kästchen!

Ein aufregender Waldspaziergang

„Komm!", drängelt Moritz. „Wir wollen doch rechtzeitig am  sein." Anna beeilt sich, ihre Jacke anzuziehen. Heute Abend machen sie mit Förster Ingo eine Wanderung durch den Wald zum . Die Kinder sind gespannt, ob sie dort einen  sehen werden. Als sie am Waldrand ankommen, wartet der Förster mit seinem  bereits. „Hallo, hier müssen wir in den Wald", begrüßt er die Kinder. „Den Weg kenne ich", freut sich Anna. „Da sammeln wir immer ." Es ist schon dämmrig. Die Bäume werfen lange Schatten – alles ist still. Nur das trockene  raschelt unter ihren . Da – ein Knacken! „Was war das?", flüstert Anna ängstlich. „Vielleicht ein  ,das nach Futter sucht", beruhigt Förster Ingo sie. Der Förster geht mit seinem  voran, denn er möchte den Kindern eine besonders alte, knorrige  zeigen.

Hochsitz	**H**irsch	**H**und	**P**ilze	**L**aub	**S**chuhe

Hinter einem  sieht Anna reife  . „Komm,

die probieren wir. Die sind bestimmt ganz süß", fordert sie ihren

Bruder auf und bleibt stehen. Moritz beugt sich herunter und

entdeckt dabei zwischen dem  eine frische Spur.

„Welches Tier ist hier denn langgelaufen?", fragt er neugierig.

„Ob das ein  war?" „Hoffentlich ist es nicht mehr in der Nähe."

Anna rückt näher an Moritz heran. Plötzlich hält auch Moritz inne.

Läuft da nicht etwas durch den  ? Jetzt fällt ihm das Knacken

von vorhin wieder ein. Moritz wird mulmig zumute. „Wir müssen

schnell zum  !", ruft er dem Förster hinterher. „Hier sind

 !" „Lasst mal sehen", sagt der Förster und

kommt zurück. Dann lacht er: „Diese Spur hier ist nicht

von einem  , sondern von Ben, meinem

Eichhörnchen   **E**iche   **B**aumstamm   **W**alderdbeeren   **W**ildschwein   **F**arn

Seite 2

Die Tiere leben wie folgt in den Schichten:
Moosschicht – Assel, Krautschicht – Käfer,
Strauchschicht – Rehkitz, Baumschicht – Eule.

Seite 3

Der nächste Baum ist eine Birke.

1.) Faultier 2.) Grüner Knollenblätterpilz
3.) Maus 4.) Eichhörnchen

Seite 4

In dieser Reihenfolge wächst der Trieb:

1   2   3

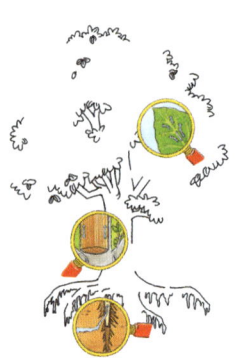

Seite 5

5 Blätter sind noch nicht angefressen.

Seite 7

Dem Rotkehlchen fehlt der Flügel, dem Kuckuck
der Schnabel und der Amsel die Beine.

Seite 8

Anna kann noch 17 Erdbeeren pflücken.

Folgende Samen, Blätter und Bäume
gehören zusammen:
Stieleiche 8, Spitzahorn 6, Hängebirke 3,
Winterlinde 1, Rotbuche 5, Fichte 7,
Waldkiefer 4, Lärche 9, Tanne 2.

Seite 9

Seite 10

Der Förster zeigt den Kindern eine Eiche.

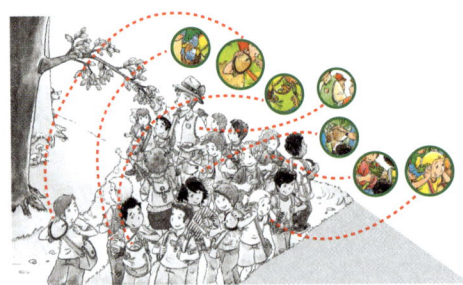

Seite 11

7 Baumstämme passen noch auf den
Holztransporter.

Seite 12

Bei diesem Spiel gibt es mehrere Lösungs-
möglichkeiten. Hier siehst du eine davon.

13 Ameisen laufen nach links, 18 nach rechts.

Seite 13

Seite 14

Seite 15

Es sind 17 Herbstblätter.

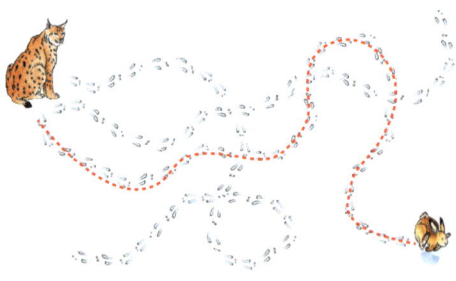

Seite 16

Die Fledermaus ortet einen Nachtfalter.

Schatten 2 gehört zum Fuchs.

Seite 17

Das Eichhörnchen ist tagsüber aktiv und ruht
sich nachts aus. Pinguin, Känguru und Alligator
leben nicht im Wald.

Seite 18

Fliegenpilze, Riesenrötlinge, Pantherpilze und
Grüne Knollenblätterpilze sind giftig.

Seite 19

Puzzle:
1 A, 2 D, 3 C, 4 B

Seite 20

Folgende Karten gehören zusammen:
1 und 12, 2 und 5, 3 und 11, 4 und 10,
6 und 8, 7 und 9.

Seite 21

5 Schmetterlinge fliegen im Wald umher.